1655 §84

LE SOCIALISME

DEVANT

LE BON SENS POPULAIRE,

OU

SIMPLES QUESTIONS

A MESSIEURS LES SOCIALISTES;

PAR N'IMPORTE QUI.

Prix : 5 Centimes.

PARIS.

IMPRIMERIE BAILLY, DIVRY ET C⁰,
Place Sorbonne, 2.

1849

LE SOCIALISME

DEVANT

LE BON SENS POPULAIRE.

On a fait bien des volumes contre les socialistes. Moi je ne veux leur faire que quelques questions.

L'homme qui travaille du matin au soir n'a pas le temps de lire de gros livres. Mais pendant que ses bras fonctionnent, il a le temps de réfléchir. — Il ne peut aller rechercher les faits ; mais, lorsqu'on les lui présente avec clarté, il sait bien les comprendre, et discerner le vrai du faux. Le bon sens populaire est la meilleure pierre de touche.

J'entre de suite en matière pour ne pas

perdre le temps : de nos jours il est précieux.

PREMIÈRE QUESTION.

Messieurs les Socialistes, que voulez-vous ?

La réponse n'est pas douteuse. Le socialisme est un corps à mille têtes. Il a un but sur lequel tous s'entendent..... la destruction. Mais sur les moyens de reconstruire, tous diffèrent.

Aux yeux de l'un, la société ne sera sauvée, que si l'État, prenant la nation sous sa férule, fournit les capitaux, les instruments de travail aux ouvriers, organise sur tout le territoire l'exploitation de l'industrie d'abord, puis de l'agriculture par d'immenses associations.—Dans ces associations le travail serait payé proportionnellement au besoin de chacun, bien plutôt qu'eu égard au labeur exécuté. — Ce système s'appelle *Louis Blanc.*

Le second ne préservera le monde du déluge de sang qui doit le couvrir, dit-il, dans l'an 1850, que si 1200 hectares au minimum lui sont concédés dans la forêt de Saint-Germain, que si un crédit lui est ouvert *sur les fonds de l'Etat* pour expérimenter une ferme modèle de 400 à 500 travailleurs. Si l'expérience manque, tout est dit, et l'auteur prend et signe l'engagement d'aller finir sa vie à Charenton. Si elle réussit, il restera à convertir le territoire de la France, puis de l'Europe, puis du monde, en fermes-modèles, que, dans le langage savant de l'école, on appelle *phalanstères*. Facile entreprise et jeu d'enfants, que de faire quitter à 200 millions d'hommes le pot-au-feu domestique *pour les petits pâtés harmoniens*. Ce système s'appelle *Fourier* ou *Victor Considérant*[1] !

Un troisième est plus aventureux, c'est le *père Cabet*, le *pontife*, comme l'appel-

---

[1] Discours de Victor Considérant à l'Assemblée nationale, du 14 avril 1849.

lent ses adeptes. — Pour lui, l'Europe est un pays usé, où désormais il n'y a plus rien à faire. C'est en Icarie, c'est-à-dire dans un canton désert du Texas, à 6,000 lieues de la France, c'est là, et nulle part ailleurs, que son expérience doit être tentée. Là, obéissance passive, obéissance non pas de soldat, mais de moine au pontife et à ses délégués. Point de propriété, point d'héritage. La soupe faite en commun, et mangée en commun. Le costume uniforme, et la variété des pantalons ou des cotillons prohibée comme une hérésie. — Hors de là, point de salut!

Un quatrième déclare une guerre implacable au capital, à la propriété, à Dieu, tout aussi bien qu'aux autres socialistes. La propriété, c'est le vol. Dieu, c'est le mal. L'humanité ne s'avance qu'en se dégageant de Dieu. — Pour dégager la société de Dieu, le premier pas, c'est de détruire le capital par l'abolition du prêt à intérêt. Une banque d'échange, où toutes les valeurs mobilières et immobilières se-

ront représentées par le papier du citoyen Proudhon, où l'on prêtera sans intérêt, comme l'on recevra sans intérêt, voici *le moyen de saisir le capital à la gorge*[1], *de l'étouffer.* « Si je me suis trompé, s'écrie
« le nouveau créateur du monde, la raison
« publique aura bien vite fait justice de
« mes théories : il ne me restera qu'à
« disparaître de l'arène révolutionnaire,
« après avoir demandé pardon à Dieu et
« à mes frères du trouble que j'aurais jeté
« dans leurs âmes, et dont je serais après
« tout la première victime. Après ce dé-
« menti de la raison générale et de l'ex-
« périence, *j'appellerais sur moi, dès*
« *maintenant, le mépris des honnêtes gens*
« *et la malédiction du genre humain.* »

Un cinquième va plus vite en besogne. Ce qu'il nous faut, dit-il, c'est jouir, et jouir tout de suite. D'ici à ce que le phalanstère s'organise, à ce que l'Icarie se convertisse en Californie, à ce que la

---

[1] *Le Peuple*, n° du 15 avril 1849.

banque du peuple fonctionne, à ce que les associations fraternelles se mettent en marche, les années s'écouleront. Nos enfants seront peut-être heureux ; mais nous, nous souffrirons.

Notre pensée est bien simple ; s'il y a des riches qui possèdent la terre, qui ont des palais et des châteaux, à chacun son tour. Le temps est venu de les dépouiller de leur superflu, pour que nous et nos frères nous entrions en jouissance du sol, de l'industrie, du capital.

Il y a bien encore d'autres nuances parmi les socialistes, mais je veux être court.

Eh bien ! entre ces partis, qui tous sont intraitables, sont exclusifs, lequel prendrons-nous ?

Qui croirons-nous de préférence ? Victor Considérant ou Proudhon ?

Partirons-nous pour l'Icarie, ou nous abonnerons-nous au phalanstère ?

Partagerons-nous les biens, dès aujourd'hui, ou ajournerons-nous jusqu'après l'expérience de la banque d'échange ?

Car enfin, il faut conclure et agir. Il faut que la société demeure ce qu'elle est, ou qu'elle devienne tout autre.

Si elle demeure ce qu'elle est, à quoi bon ce mouvement, ces théories, ces guerres de plume et de papier, et trop souvent de coups de fusil?

Si elle doit changer, qu'on nous dise comment, qu'on s'entende, non pas à quelques milliers, mais à plusieurs millions; qu'on formule un système, et que l'on consulte là-dessus le suffrage universel! Car nous voulons bien laisser abattre la maison, mais à une condition, c'est que d'ici là nous ne coucherons pas à la belle étoile. — Nous ne sommes pas d'humeur à gagner des fluxions de poitrine, pendant que les architectes discuteront sur le plus beau plan à donner au monument nouveau.

DEUXIÈME QUESTION.

Qu'avez-vous fait, Messieurs les Socialistes?

Je pourrais me taire ici, et conclure dès actuellement contre le socialisme ; car avant de donner la parole à des gens qui veulent changer le monde, tel qu'il existe depuis 6,000 ans, avant surtout de leur mettre la bride sur le cou, en leur disant taillez et rognez, il faut qu'ils sachent ce qu'ils veulent, il faut qu'ils s'entendent entre eux.

Mais, agir ainsi, ce serait agir en avocat. Or, c'est une de mes faiblesses, j'ai horreur de l'avocat, du mauvais avocat, de l'ergoteur, bien entendu. — Je voudrais que tout le monde eût autant que moi l'aversion de ces moulins à paroles, de ces parleurs sans conviction, de ces disputeurs sans colère, de ces révolutionnaires sans passion qu'on appelle avocats sans cause. — S'il en était ainsi, tout irait mieux. Je suis sûr que les bons avocats sont de mon avis.

Je veux donc aller plus loin. Je suis d'ailleurs en veine d'indiscrétion.

Messieurs les socialistes vont en effet trouver ma question fort indiscrète. Je la répète, Messieurs, chapeau bas, et en vous saluant profondément : Qu'avez-vous fait?

Vous avez fait des livres ; je le sais bien. — Depuis Fourier, qui voulait nous doter d'une queue pourvue d'un œil, et tuer la lune, *ce corps mort qui reflète sa maladie sur la terre,* depuis Saint-Simon, Robert Owen, jusqu'à Louis Blanc, Raspail, Proudhon, Victor Considérant, vous avez beaucoup barbouillé de papier ; mais après?

Voyons, je commence ma revue.

Messieurs les saint-simoniens, vous êtes les premiers nés, expliquez-vous..... Ah ! pardon, j'oubliais Ménilmontant, et votre mort glorieuse sur ce calvaire de la femme libre ; vous êtes morts et bien morts : pardon de vous avoir troublés. Je n'y reviendrai plus.

Passons à vos successeurs, Messieurs les phalanstériens.

Mais vous vous taisez, et vous faites les timides. A peine nous avouez-vous quelques tentatives, quelques velléités de phalanstère. Mais je suis plus indiscret que vous ne pensez.

Pendant que vous gardez le silence, et ne parlez que d'une ombre d'essai, voici que ma mémoire me rappelle une illustre abbaye, où vous avez voulu transporter votre ordre moderne, composé tout à la fois d'hommes et de femmes, où les SÉRIES *passionnées, trop passionnées,* j'en ai peur, ont remplacé les austérités claustrales. Vous y avez vécu deux ans, vous y avez travaillé, dormi, mangé, ce qui est le point capital dans la doctrine de votre maître ; puis, un beau matin, après maintes disputes, tout cela s'est dissipé, s'est évanoui. La grande commune n'a plus été qu'un sauve-qui-peut. — Mais je me rappelle aussi certains journaux américains ; ils sont si bavards ces journaux américains! Ils nous apportaient la nouvelle du cinquième village phalanstérien tombé en déconfiture, tandis que les villages *civilisés*, comme vous le dites, avaient l'impudence de devenir des villes considérables : or, si un cinquième phalantère est tombé, j'en conclus que quatre autres avaient eu le même sort avant lui.

— Vous êtes bien discrets, mes révérends pères, et on a bien de la peine à vous faire parler. Puisque vous vous tournez toujours vers l'avenir, au lieu du passé, je viens au patriarche Robert Owen.

Celui-là, il a fait quelque chose. Avec ses deniers, et c'est chose rare parmi les socialistes, il a fondé deux établissements. Là toute peine était abolie : le travail n'avait plus d'autre stimulant que l'amour de ses frères. Aucun culte positif ne venait semer de discordes entre les associés : chacun adorait Dieu à sa manière (ce qui, par parenthèse, est la plupart du temps une bien pauvre manière de l'adorer); c'était beau, c'était touchant, c'était pas-

...

toral surtout. Eh bien! tout cela où en est-ce? Hélas! je n'ai pas le cœur de vous répondre; je ne puis que vous citer ces fameux vers :

> Et Rose elle a vécu ce que vivent les roses,
> L'espace d'un matin.

Et vous, monsieur Louis Blanc, dictateur du Luxembourg, où sont vos œuvres? Je vois une association fraternelle de tailleurs! Je vois des ateliers montés sur le pied de la fraternité, de la répartition égale des bénéfices! Je vois des ateliers nationaux richement dotés aux dépens du trésor public, des sueurs du paysan et du vrai travailleur! Mais le travail où est-il?

Car est-ce du travail que cette fourniture de la garde mobile parisienne, si chèrement exécutée et si ridiculement faite?

Est-ce du travail que la plantation des arbres de la liberté, sur lesquels les brigades des ateliers nationaux inscrivaient pompeusement leurs noms, comme les inventeurs célèbres sur les machines, produits de leur génie ?

Est-ce du travail que le Champ-de-Mars, dénudé et converti en un vaste champ de boue, après trois mois passés à l'embellir ?

Et les bénéfices où sont-ils, et la fraternité où était-elle ? Et l'union où se pratiquait-elle ? Tout cela était sur le drapeau, mais nulle part ailleurs.

Et ne dites pas qu'on vous a interrompu.

Non, vous avez eu trois mois la dictature, vous avez eu trois mois la parole, la tribune ; vous vous êtes prélassé dans les fauteuils et les appartements des chanceliers de la Chambre des Pairs; vous avez eu les fonds du trésor ; vous pouviez sinon faire de grandes choses, du moins les commencer, les esquisser; et pour trace de votre passage, vous ne laissez que la ruine des industriels, les pleurs des femmes et des enfants des travailleurs; vous ne laissez que le souvenir ineffaçable des quarante-cinq centimes.

J'arrive au *père Cabet*. — Pas de phrases, pontife, pas de belles tirades sur l'amour, sur la fraternité, sur l'égalité : chacun peut en faire autant, et cela ne coûte que quelques frais d'imagination. Eh bien! voyons, faites-nous votre petite confession.

« Mes amis, mes frères, répond le pontife, l'Icarie est fondée, l'Icarie existe. » C'est très-bien : car les malins doutaient en France si elle existerait jamais. Mais si l'Icarie existe, où en sont les Icariens? Certains journaux, bien jaloux, bien méchants, sans doute, nous ont dit qu'ils s'étaient battus entre eux, et ils ont ajouté que c'était par une application de l'adage antique : Quand il n'y a pas de foin au ratelier, les ânes se battent.

Suivant d'autres Icariens, qui ont signé leurs noms, donné leurs adresses, vos satellites, vos *prétoriens* les auraient plumés, tondus, volés, et la police correctionnelle serait sur le point de s'en mêler, et de vous y mêler vous-même, pontife illustre !

« Je me porte bien ; je n'ai aucune indisposition [1], bien que j'aie fait le voyage de Paris à la Nouvelle-Orléans. » A merveille, magnanime pèlerin ; mais les Icariens comment vont-ils ? Où en est cette première avant-garde partie en janvier 1848, et composée de soixante-neuf Icariens *résolus à tout souffrir?*

« Tout le monde se porte bien généralement, continuez-vous.

« *Plusieurs* de la première et de la deuxième avant-garde *sont repartis.*

« Des *ennemis venus de Paris* ont soufflé la division. *Plusieurs se sont très-mal conduits envers moi.*

« *Beaucoup* des deux premiers grands départs sont *devenus ennemis,* et se sont sépa-

---

[1] Lettre du 10 février 1849. *Révolution démocratique et sociale* du 23 mars 1849.

rés à cause des *mauvais vivres*, des *matelas*, des *querelles pendant le voyage*.

« J'ai donné deux cents francs à chacun de ceux qui ont voulu se séparer.

« *Je me suis trouvé dans un enfer ;* mais j'ai et j'aurai le courage nécessaire. »

A la bonne heure, cette fois, *tout le monde* se porte *bien..... généralement*. Mais quoi ! après cinq ou six ans de prédication, après les épreuves les plus longues, une centaine d'individus, bien catéchisés, bien disciplinés, partent, et à peine arrivés, voici que *plusieurs*, c'est-à-dire *beaucoup*, en style biblique, sont déjà repartis. Voici que la division est semée, que beaucoup des deux premiers grands départs sont devenus ennemis en route. Voici, ô lamentable détail, que quelques-uns se sont très-mal conduits envers le pontife. Voici qu'il se trouve dans un enfer. Voici que sa bourse est obligée de s'ouvrir pour donner deux cents francs aux traîtres, aux séparatistes, c'est-à-dire pour leur rendre le cinquième des mille francs qu'ils ont bel et bien versés pour sortir de France.

En vérité, pontife, je ne puis que vous plaindre.

Mais il y en a d'autres que je plains encore davantage : ce sont ceux que vous avez illusionnés, dupés de vos folles rêveries, entraînés dans un pays de chimères et que vous ne connaissiez seulement pas! Car ces hommes étaient d'honnêtes travailleurs, de solides ouvriers. Ils ne demandaient pas la fainéantise, mais l'emploi de leurs bons et vigoureux bras; et voici comme ils ont été traités, voici comment, aux temps de sa plus grande splendeur, la glorieuse Icarie nourrissait ses habitants :

« Nous n'avons plus de farine, » écrit un Icarien demeuré fidèle; « notre phar-
« macie n'en a que le nom. Le docteur
« lui-même est malade. La grande majo-
« rité de nos hommes est en convales-
« cence, mais aucun d'eux n'est parfaite-
« ment rétabli. Nous n'avons encore rien

« de défriché; nos trente-trois cabanes
« sont inhabitables, tant à cause de leur
« éloignement que de leur mauvaise con-
« struction. Nous n'avons que quatre
« hangars et une maison à l'américaine
« au centre, pour loger les plus malades,
« et les autres habitent les hangars,
« qui ne sont pas assez vastes pour ga-
« rantir de la pluie, qui, dans ce pays,
« tombe toujours par raffales.

« Aucune lettre de notre cher père Ca-
« bet ne vient nous consoler dans notre
« solitude. »

En vérité, c'est tristesse et pitié : cela serre le cœur, passons.

Que dirons-nous de la *Banque du peuple?* de cette vaste machine qui devait changer le monde commercial, le monde industriel, le monde agricole, le monde politique, et détrôner Dieu? Nous voulions en parler à fond; mais dans l'intervalle, la malheureuse banque est décédée, et le citoyen Proudhon, profitant habilement d'un accroc de 10,000 fr. fait au journal

Le Peuple (non pas à la banque, notez-le bien), par le jury parisien, a mis sous le hangar sa célèbre machine, et a envoyé au public financier le billet de part du décès.

Pauvre banque, qu'elle eût bien marché sans cette condamnation! Après un vaste déploiement de propagande, elle avait réuni 18,000 fr. !!! Elle avait conquis un personnel dévoué, vivant fraternellement du traitement spartiate de 1 fr. 50 c. par jour. Mais, par malheur, le rideau se déchire, et le parterre apprend que sur les 18,000 fr., 8,000 sont définitivement mangés en frais de bureau; que les collaborateurs du citoyen Proudhon sont soupçonnés par lui d'être vendus à la police, comme les faux Icariens du père Cabet; et pour dernier adieu à ses amis qui veulent continuer son œuvre, quoique *n'ayant jamais compris les rudiments de la science économique, pas plus que de la logique*, le nouveau Dieu de l'univers leur jette du haut de la montagne

cette parole fraternelle : *O pauperes spiritu!*
O pauvres d'esprit !

Les autres socialistes n'ont pas à proprement parler de système. Que demanderai-je à Pierre Leroux, cet être triple et un, cet auteur de la triade, ce rêveur de mysticisme sans religion? Du sentimentalisme, des phrases, de l'amour, ma foi, cela ne nourrira l'estomac de personne.

Que demanderai-je à ceux qui veulent le partage? Ils n'ont rien fait, Dieu merci, parce que la France tout entière, depuis l'ouvrier honnête, depuis le paysan cultivateur jusqu'au capitaliste, s'est liguée pour arrêter leur bras. Mais si le sol de Paris, de Rouen, et d'autres villes encore, a été rougi de sang humain ; si d'illustres généraux ont trouvé la mort dans des luttes fratricides ; si des ouvriers, plus égarés que coupables, ont eu le malheur de s'armer contre la société, et d'en subir en retour les justes punitions, à qui la faute?

Il n'est pas une bouche honnête qui ne le dise. — Inutile donc de le répéter.

TROISIÈME QUESTION.

Messieurs les Socialistes, que feriez-vous?

Ce que vous avez fait, lorsque vous aviez le pouvoir comme Louis Blanc, le champ libre comme Cabet en Icarie, des adeptes comme les phalanstériens de Cîteaux, des enthousiastes comme le citoyen Proudhon, tout cela n'est guère encourageant. Grâce à toutes ces violences ou à toutes ces folles utopies, les capitaux ont fondu au soleil socialiste, comme la neige au printemps; ceux qui restaient ont disparu; grâce à toutes ces belles réformes, les marchands n'ont plus vendu, les fabricants n'ont plus fabriqué, les ouvriers ont chômé et pâti de la faim, les propriétaires n'ont plus touché leurs revenus, les banquiers et commerçants ont suspendu leurs paiements, les agriculteurs n'ont plus écoulé leur blé, leur vin, leurs bestiaux. — Pendant qu'on parlait d'organiser le travail, le travail fuyait, et pour peu que l'expérience eût duré quelques mois de plus, le Trésor public, ce réservoir pour toutes les utopies socialistes, eût été fermé aux ouvriers eux-mêmes, comme il l'était depuis longtemps aux déposants de la caisse d'épargne, aux porteurs de bons du Trésor.

Voilà votre bilan! Si on supputait les milliards dont vous avez appauvri la France, on en reculerait effrayé.

Eh bien! si, par impossible, la nation abusée se laissait prendre au piége de nouveau, que feriez-vous?

Je laisse ici Louis Blanc, Cabet, Victor Considérant, parce que leurs théories ne marcheront jamais.

Jamais, en effet, la France ne remettra entre les mains de l'État, c'est-à-dire entre les mains *de quelques ministres,* la gestion, la direction de son industrie et de son agriculture. Une armée de commis n'y suffirait point. — Jamais non plus l'ouvrier paresseux ne sera admis par l'ouvrier valide au partage égal. C'est le cri de la nature et de l'équité.

Jamais non plus les paysans français, les propriétaires, soit des villes, soit des campagnes, ne mettront en commun leurs champs, leurs vignes, leurs prés, leurs maisons, pour devenir les pensionnés de l'État. Vous aurez beau écrire des livres, citoyen Cabet, vous n'arriverez jamais là. Depuis des siècles, votre système existe, il est pratiqué par quelques hommes qu'on appelle les frères Moraves, et depuis des siècles l'humanité passe à côté de ces colonies exceptionnelles sans les imiter.

Jamais enfin, 1,200 ménages ne vivront dans la grande harmonie de Fourier, sinon au même feu, du moins à la même cuisine. Jamais ils ne s'y soumettraient sans une main de fer qui les opprime, et si les hommes subissaient le joug, les femmes le briseraient bien vite.

Rêves, chimères que tout cela, et les habiles le sentent bien.

Aussi que disent-ils à l'ouvrier, à

l'homme de la campagne ? que feraient-ils surtout ?

Ils partageraient les biens entre tous. La loi agraire est leur dernier mot. Eh bien ! suivons-les sur ce terrain, approfondissons.

Messieurs les communistes, avez-vous jamais calculé ? Cela vous paraît impertinent ; mais vous nous dites des choses si étonnantes que vous devez bien permettre qu'on vous le demande.

D'abord, savez-vous ce que le partage des terres donnerait à chacun ? le voici :

Il y a en France 52,768,600 hectares ; sur ce total, 43,000,000 hect. sont seuls propres à la culture. On estime qu'ils rapportent en chiffres ronds, 2,752,000,000 fr., soit 64 fr. par hectare, tant bon que mauvais.

Sur ces 43,000,000 d'hect., 14,000,000, juste le tiers, sont possédés par 3,000,000 familles, ayant en moyenne 5 têtes par ménage, et possédant de 5 1/2 à 3 1/9 d'hectare par famille.

A ceux-là, vous n'ôterez rien sans doute.

14,000,000 d'hectares sont possédés par 700,000 familles ayant une moyenne de 21 hectares par famille, et un revenu moyen de 1,000 à 1,300 francs.

A ceux-là encore vous n'ôterez rien; voici donc 28,000,000 d'hectares non partageables.

11,000,000 d'hectares sont possédés par 160,000 familles, possédant 75 hectares en moyenne, qui procurent aux propriétaires un revenu net de 3,000 francs pour 5 personnes par ménage; c'est de l'aisance sans doute. Mais est-ce là de l'aristocratie?

A ceux-là encore ôterez-vous quelque chose? Non, à moins de vouloir faire passer sur tous le niveau de la misère au lieu de celui du bonheur.

Nous voilà donc 39,000,000 d'hectares.

Pour arriver à 43,000,000, il n'en reste plus que 4,000,000; mettez-en 6,000,000 si vous voulez, parce que sur des calculs semblables un ou deux millions ne changent rien au raisonnement.

Or, vous laisserez bien aux 23,000 familles de grands propriétaires qui possèdent ces 6,000,000 d'hectares, ce que vous avez laissé à la classe précédente, 3,000 f. de revenu chaque, ce qui ne fait de disponible que 3 à 4 millions d'hectares.

TOUT ABOUTIT DONC A PARTAGER DE 3 à 4 MILLIONS D'HECTARES.

Maintenant entre qui le fera-t-on ce partage?

D'abord, je vois au premier rang des réclamants, 3,000,000 de familles de petits propriétaires qui n'ont guère que 100 fr. de revenu provenant de leurs champs. Vous ne les repousserez pas.

Puis, 900,000 familles vivant dans les villes, d'une profession, d'un salaire, et qui auront droit bien naturellement à ce partage; puis les pauvres des campagnes, ceux qui n'ont ni feu, ni lieu; le total général sera bien près de 4,000,000 de familles, s'il ne le dépasse.

Or, 4,000,000 de familles ayant à partager 4,000,000 d'hectares au maximum, chacune en moyenne aura un hectare, tant bon que médiocre, que mauvais, c'est-à-dire 64 f. par an en moyenne.

Peut-on arriver à un plus pitoyable résultat? N'est-ce pas la *montagne qui accouche d'une souris?*

Mais ce n'est pas tout. Comment se résoudra la question? Croit-on que les propriétaires dépossédés se laisseront faire aussi facilement, et que tout se passera sans d'effroyables résistances?

Croit-on que le peuple de France, ce peuple si honnête, si loyal, qui au mois de février pendait les voleurs, prendra parti pour la spoliation?

C'est une erreur. En France, on se souvient encore du précepte divin, *tu ne voleras point;* on se rappelle le proverbe, que *le bien mal acquis ne profite pas;* et la résistance n'aura pas seulement pour appui les quelques familles riches attaquées, mais la masse, la grande masse du peuple,

Mais j'admets qu'il en soit ainsi, que vous le voulez : j'en tire argument pour vous adresser une autre question, messieurs du communisme.

Lorsque j'ai parlé du revenu de 64 f. par hectare, j'ai pris pour base le chiffre actuel; mais ce chiffre, croit-on qu'il se maintiendra?

Si l'on dépouille 23,000 familles de propriétaires fonciers de la campagne, croit-on que les maisons des villes garderont grande valeur?

A Paris, le terrain s'est vendu 1,000 à 1,200 f. le mètre. Croit-on qu'il vaudra 1,000 ou 1,200 f. l'hectare, lorsque personne ne sera plus assez riche pour y loger?

A Paris, et dans les grandes villes, il y a pour plusieurs milliards de marchandises de luxe, de meubles, d'argenterie, de diamants, d'étoffe, de dentelles, etc.

Qu'est-ce que cela vaudra entre les mains des marchands qui les détiennent, si personne ne les achète plus? Et avec quoi les achètera-t-on, lorsque le maximum de la fortune d'une famille sera 3,000 fr. de revenu pour 4 à 5 personnes ?

Que deviendront par suite les machines, les manufactures où se fabriquaient toutes ces choses ? On vendra le fer des machines comme vieille ferraille, et les maisons comme matériaux de démolition.

Or, s'il en est ainsi, où les agriculteurs trouveront-ils le placement de leurs denrées ?

On vendra encore du pain et des pommes de terre, parce qu'il faudra manger, on vendra encore les gros vins.

Mais qui achètera de la betterave pour faire du sucre ?

Mais qui achètera des vins fins des crûs de la Bourgogne, de la Champagne, du Beaujolais, du Médoc ? Mais qui achètera du colza pour faire de l'huile, de la garance pour la teinture, des vers à soie pour fabriquer la soie, des laines fines pour les draps ? etc., etc.

Et si ces choses ne s'achètent plus, ce n'est plus 64 f. que rapportera l'hectare, mais 40 f., 30 f. à peine. La belle avance pour les ouvriers et les cultivateurs !

Oui, mais voilà une autre tactique.

On ne partagera pas, dit-on aujourd'hui dans les campagnes : chacun gardera ce qu'il a. Mais le gros propriétaire de chaque commune paiera seul l'impôt.

Je pourrais me récrier sur l'injustice. J'aime mieux démontrer la stupidité.

J'ai dit, en effet, en m'appuyant sur de bonnes statistiques, qu'en France il y a 43,000,000 d'hectares, rapportant un produit de 2,752,000,000 f. Sur 43,000,000 d'hectares, 6,000,000 au plus constituent la grande propriété, et rapportent net à leurs propriétaires 207,000,000 f., parce qu'il faut en distraire le bénéfice du fermier. Or, l'impôt foncier monte à 300 millions. — Avec quoi la grande propriété paierait-elle l'impôt foncier ? C'est une pure chimère.

Voudrait-on l'y forcer ? Ou elle abandonnerait les terres devenues un intolérable fardeau, et alors la nation se trouverait dans le déplorable état que j'ai dépeint, celui produit par le partage tant vanté; ou elle la vendrait, et alors l'impôt se trouverait sans assiette.

Impossibilités sur impossibilités, voilà où aboutissent toutes ces belles théories.

Quand donc le peuple s'en lassera-t-il?

Quand il aura réfléchi.

Et il réfléchira le jour où il le voudra; car le bon sens est son apanage.

RÉSUMÉ.

Le socialisme n'a pas un plan fixe. C'est un amas informe de doctrines qui se combattent et d'hommes qui se haïssent. — Que la société soit un moment entre ses mains, et la France sera déchirée entre mille systèmes au fond desquels il n'y a qu'une idée : prendre pour soi et jouir.

Le socialisme, qui n'est pas du lendemain, mais qui est de la veille, qui est de l'avant-veille, qui existe, qui rêve depuis des siècles, n'a rien fait. Lorsqu'il a voulu fonder des colonies, il a fait des dupes comme les actionnaires des phalanstères, ou des victimes comme les malheureux colons de l'Icarie.

Quand, au contraire, la vieille société, cette société qu'on représente comme si inhumaine, envoie ses enfants peupler une colonie nouvelle, comme l'Algérie, elle ne les expédie pas à la légère et sans connaître seulement les lieux auxquels elle les destine; elle leur donne ses prêtres pour leur porter sur le rivage le dernier adieu, la dernière bénédiction de l'Église et de la patrie; elle leur donne ses magistrats pour veiller sur eux, ses braves officiers pour les accompagner, son argent pour bâtir leurs demeures, ses lumières et son expérience pour les guider. Voyez et comparez.

Le socialisme ne fera rien que des ruines. Il se flatte d'avoir une idée, il s'appelle l'idée ; mais c'est une idée de licence, et non de liberté; de mort, et non pas de vie; c'est la misère cachée sous l'apparence du bonheur.

Qui dit ces choses? qui les prouve?

Le bon sens, l'expérience.

Mais le peuple souffre, et n'y a-t-il donc rien à faire?

Si fait, il y a beaucoup à faire, beaucoup à tenter.

La première chose est d'arracher du champ de la pensée ces mauvaises herbes du socialisme, qui le rendent infécond et stérile.

Mais, ce travail accompli, travail négatif, je le reconnais, il n'y a pas à s'endormir; car des milliers d'hommes souffrent.

Il y a des institutions de prévoyance à fonder, des abus à extirper, une législation peu populaire à amender; il y a l'agriculture à mettre en honneur, les Landes, la Sologne, l'Algérie à coloniser; il y a des millions d'hectares de

biens communaux à mettre en valeu
non pas seulement au profit des commu-
nes, mais au profit des prolétaires qu
n'ont pour toute richesse que leurs bra
et leur famille. Il y a l'association volon
taire à essayer entre le maître et l'ouvrier
ou par les ouvriers entre eux. — En u
mot, si la société ne doit pas être refait
de fond en comble, il y a des milliers d
points de détail à améliorer.

Mais tout cela est-il facile à faire ?

Non, sans doute, autrement ce serai
fait depuis longtemps ; mais c'est possi
ble, et, si les troubles politiques ne vien
nent pas absorber ailleurs l'opinion pu
blique, d'ici à peu de temps cela sera.

www.ingramcontent.com/pod-product-compliance
Lightning Source LLC
Chambersburg PA
CBHW060523050426
42451CB00009B/1126